JN437943

꽃씨 뿌리듯 시를 짓네

꽃씨 뿌리듯 시를 짓네

큰들 윤 자 시집

을지출판공사

꽃씨 뿌리듯 시를 짓네

오늘도 걸었네
많이도 걸었네
황혼길에서

돌아가는 길 있다던가
고향 마을 큰 들 벗 삼아
글을 쓰게 하는구나

어쩌다 어쩌다
늘그막에
시인 되어

철마다 피는 꽃처럼
내 마음에도
꽃 피고
꽃씨 뿌리듯
시를 짓네

나는
큰 들의 딸이라네.

2019년 초겨울에

큰들 윤 자(尹慈)

Contents

차례

Contents

Contents

Contents

Contents

제 1 부

하늘 시계

해 질 녘
서산에 노을빛 걸려 있고
지는 해 벗 삼아
장터에서 집으로
해거름 오시네

감똘개(감꽃)

고향 마을
집마다 감나무 있었네
감꽃 피어나면 노란 병아리 같았지

작고 통통한 고사리 손으로
감똘개 실 꿰어
목걸이 만들어 걸고
친구 목에도 걸어 주었네

입 안 넣어 주고
목젖 보이도록
깔깔깔 웃기도 했지

감똘개 목걸이
문득 떠오르고
해맑게 웃던 친구야
잘 지내니?

하늘 천

아버지
붓 들고서
하늘 천 가르치셨다

하늘처럼 옆으로 줄 그어라
한 일이다
하늘 아래 땅 있듯
땅도 옆으로 그어라

두 줄이니 둘이
하늘과 땅 사이엔 사람 살고 있으니
사람 인 넣어라

등불을 끄고서
글을 말로 쓰라고 하셨다

지금 생각해 보니
태어나 살고 있는
이곳 순천

따르다 순
하늘 천

하늘의 이치를 따르다
그 뜻이었네.

할아버지 좃(?)

어머니
등잔불 아래 바느질하며
재미있는 이야기 들려주신다

나가
어릴 적부터
느그 외할아부지한테 천자문 배웠는디
느그 외숙모도 밤되믄 한테 배웠지

하루는
느그 할아부지
책 덮고 처음부터 끝까지
둘이서 외워 보라 그러셨지

하늘 천 하면서 한참 하는디
느그 외숙모 밭일에 지쳐 꾸뻑 졸았나벼

입에서 할아버지 좆(?) 나오고
좆(?)이 뭐냐
벼락같이 화를 내며
회초리로 머리를 내치셨지

느그 외숙모
그때 정신 번쩍 들더라고 그랬고만
처음부터 다시 했는디

이번 참엔
할아버지 조
제대로 했었고만.

바가지 머리

어릴 적 내 머리
바가지 머리

아버지는
손가락 빗질에
팔뚝만 한 가위 들고서
내 머리카락 자르셨다

눈 덮은 앞머리에
바가지 씌우고
한일자로 싹뚝싹뚝 자르셨다
남자 머슴애처럼 보이면 어쩌나
가슴 조마조마했다

지금 내 나이
황혼의 나이

미용실에서
커트머리 할 때면
아버지
그 손길 생각난다.

검정 고무줄

동네 아이들과
고무줄놀이 하였네

어느 날
검정 고무줄 안 보이고
양자 엄마가 속곳 허리에
끼워 넣었다 하네

장롱 뒤져
엄마 속곳 고쟁이
검정 고무줄 쭉쭉 빼내었지

고무줄 마디마디 묶어
골목길 다니며 고무줄놀이 했네
어린 시절 검정 고무줄
어디에 있나

내 빤쓰 고무줄
하얀 고무줄
축 늘어진 게
내 나이만큼 늙었구나

장독 항아리
망사천 덮어 검정 고무줄 묶는다
고무줄놀이 하던 그 시절
옛 추억에 잠긴다.

징검다리

큰돌 흔들흔들
징검다리 조심조심 건넌다

물속 송사리 떼
물풀 사이로 왔다갔다 숨바꼭질하고
돌 사이엔
물고둥 까맣게 붙어 있고
고무신 속에 잡아넣는다

앞선 친구
빨리 오라 손짓하고
고무신 들고 건너다
미끄러져 물속으로 풍덩
고무신 떠내려가고
물고둥 제집으로 돌아가네

엉엉 우는데
키 큰 친구
고무신 간신히 건져 주네.

두루마기

안방 선반에
반짇고리 놓여 있었지

작은 키
손 닿지 않아
밥상 놓고 올라가
반짇고리 내려 뒤져 보았지

아버지 두루마기에 달
소매, 깃, 섶, 옷고름 있었는데
깃을 골라 인형옷 만들었지

어머니 깜짝 놀라며
자 막대기 들고 엉덩이 때렸지

지금도 궁금한 게
그때 아버지 두루마기 어떻게 만들었을까?
옷고름으로 깃을 만들었던 게
어슴프레 기억난다

출가하고
아버지 회갑연에
한복집에서 두루마기 해 드렸네.

학생 오빠

오빠 실은 서울행 열차
기차 연기 하늘로 내뿜으며 떠나간다

오빠는 손 흔들고
기차는 시야에서 점점 멀어지고
산모퉁이 돌아갈 때
기적 소리도 멀어져 간다

방학 때
예쁜 필통 사 온다 해서
한 밤 두 밤……
기다리네

캄캄한 밤
뒷마당 대나무밭 사이로
순천역 불빛 깜박거리고

서울에서 순천 도착
안내 방송 들리는 듯하다
우리 오빠 마중 나갈까 보다.

염장 갈치

장독대 큰 항아리
굵은소금 재워 둔
갈치 가득 들어 있었네

아궁이 불에 구워 낸
짜디짠 갈치 몇 토막
반찬 삼아
식구들
밥 한 그릇 훌떡 물 말아 먹었지

요즘 사람들
몸 생각한다며
싱겁게 싱겁게 그러네

하지만
짜디짠 갈치 한 토막
먹고플 때 간간이 있네

어쩔 수 없지
어릴 적 추억 곱씹어 삼킨다.

술 항아리

시루에서 쪄 낸 고슬고슬 고두밥
멍석에서
누룩가루 버무려
술밥 된다

술밥 배불리 먹은 술 항아리
따뜻한 아랫목에서 곤히 잠자고
뱃속에서 보글보글 소리 난다

엄마 몰래
어린 동생 하고
지릅대로 쭈욱 빨며
술 맛을 본다

달착지근 맛나는 게
자꾸 손이 간다

동생은 비실비실 쓰러지고
술 항아리 안고서 잠들었다.

하늘 시계

동창 밝았는가
닭 울음소리 새벽 알리네

어머니
가마솥에 밥 짓고
아침상 차리시네

해가 중천에 오면
식구들 점심 차리고
새참 광주리 머리 이고
들판 가시네

해 질 녘
서산에 노을빛 걸려 있고
지는 해 벗 삼아
장터에서 집으로

해거름 오시네

어머니 시계는
하늘 시계이었네.

복날

무더운 여름
복날이었지

마음 약한 큰오빠 닭 잡았지
장닭 양 날개 잡고
모가지 비틀고
털 뽑고
잔털 불에 그슬리려
모닥불 피울 때

죽은 줄 알았던 닭
목숨줄 살아 있어
대숲 사이로 후다닥 도망쳤네

보고 있던 이웃집 할매
복날이라 계란 아부지
옷 벗고 도망가는구나

우린 닭 잡으러
죽을 둥 살 둥 안간힘 썼네.

메뚜기

들판에서
초록 메뚜기 잡았다

길쭉한 벼 줄기에
줄줄이 꿰었다

풀밭에서
메뚜기 훌쩍 뛰어오르고

어린 시절
동심의 세계로 안내한다.

제 2 부

민물새우와 닭벼슬꽃

추운 겨울날
밥상에 오른 곰삭은 토하젓
붉은 빛깔 짭조름한 맛
마당가 피어 있던
닭벼슬꽃 냄새 나는 듯했다
고향 냄새가 나는 듯했지.

귀뚜라미 소리

가을바람 솔솔 부는
밤이면
부엌 쪽에서 귀뚜라미 소리 들렸다

살금살금
다가가 보니
막걸리 식초병 세워 놓은
부뚜막 쪽

가마솥에
비스듬히 세워 놓은
물바가지 틈새
귀뚜라미 보인다

밤새 들락날락 숨바꼭질하며
귀뚤귀뚤
노래 불렀나 보다.

미숫가루

논에서
보리 거둔다
논바닥엔 보리 이삭
뚝뚝 떨어지고

어머니
하얀 수건 머리 쓰고
검정 앞치마 허리 동여매고
보리 이삭 줍는다

엄마 뒤따라
보리 이삭 줍는다
푸닥진 작은 손으로
보리 이삭 몇 개나 주웠을까?

요걸로 미숫가루 만들어 먹세

엄마는 그래그래
그랬었지.

방아잎 꽃부각

하늘 보고 웃자란
방아나무
가지마다
보랏빛 작은 별
촘촘히 꽃 피어 있네

싸리나무 채반 위엔
방아잎 초록 잎사귀
방아꽃 보랏빛 꽃
찹쌀풀 옷 입고
수놓은 듯 펼쳐져 있고

엄마
요것이 뭐당가?
방아잎 부각이랑께
느그 오빠가 좋아한당께

꼬들꼬들 마르기 전
입 안에 넣었지

쫀득쫀득
향기 가득
오빠가 참말로 좋아했을 것 같았다.

손이 안 닿아

대청마루 선반
석작 바구니 올망졸망 놓여 있고
겨울이면 홍시 가득했다

자꾸만 눈길 갔었지
먹고 싶었지
어린 남동생
엎드린 내 등 타고 손 뻗치는데

누나야 손 안 닿아
내 등
조금씩 올라가고
동생은 넘어지고 감 석작 떨어졌다

홍시 맞은 동생
얼굴은 홍시 범벅

눈은 깜빡감빡
엄마 하며 울었다.

* 석작 : 대나무로 만든 뚜껑 있는 사각형 상자

감 장아찌

먹을 게 귀했던 시절
한 입 베어 물고
떫은맛에 땅에다 버린
덜 익은 장두감(대봉)

팽이처럼 끝 뾰족하고
도토리처럼 기다란 게
어른 주먹만큼 굵었다

하루는 장두감 하나
고추장 항아리 속에
박아 두었다

훗날 밥상에 오르고
딸이 만든 감 장아찌
맛있게 드셨던 아버지

우리 딸은
곶감김치도 잘 담근다
그러셨지

짭짤한 감 장아찌를
달착지근한 곶감김치라고 하셨다.

민물새우와 닭벼슬꽃

논 둠벙
민물새우 가득하고

아낙네들
얼굴 물 닿을 듯
허리 바짝 구부리고
물풀 빗질하듯
소쿠리로 훑어 잡았지

잡아온 민물새우
굵은소금 버무려
항아리 채우고
장독대 마당가 닭벼슬꽃 꺾어
항아리 속 꼭꼭 눌러 주었지

추운 겨울날
밥상에 오른 음식은 토하젓

붉은 빛깔 짭조름한 맛
마당가 피어 있던
닭벼슬꽃 냄새 나는 듯했다
고향 냄새가 나는 듯했지.

* 닭벼슬꽃(맨드라미꽃) : 붉은 색깔과 모양이 닭벼슬처럼 보인다.

모깃불

제법 자란 쑥
낫으로 베어다
햇볕 좋은 날
땅 위에 널어 말린다

한여름 해 질 녘
모기들 윙윙거리고
마당 한켠에선
말린 쑥 태운다

연기로 자욱한 마당
평상에 함께 앉아 있던 엄마
삼베치마 끝자락 들춰
나를 덮어 주셨지

꿈틀꿈틀 모기와의 숨바꼭질
매캐한 모깃불 연기

치마 속까지 들어오고
모기들은 못찾겠다
잉잉잉 거렸지.

호박꽃

울타리
노랑 호박꽃
암꽃 수꽃
정답게 활짝 피었네

벌 나비 날아와
오작교 만들었는가

머물다 간 호박꽃
배가 불룩
아기 호박 열렸네

아기 호박
꽃모자 떨어질까
비 맞을까
호박잎 꺾어

굵은 대 꼬옥 잡고
초록 우산 받쳐 주네

마주 보며 속삭이듯
입가에 미소 번지네.

청보리 Ⅰ

긴 수염
하늘 향해
하늘을 마시려는가
들판에서
바람 따라 춤추고 있구나

수염 사이
청보리알
하늘 맛일까?

청보리 꺾어
모닥불 지펴 뒤적뒤적
수염은 간데없고
까맣게 탄 보리
손바닥에 얹어 놓고
비벼 주고 맷돌처럼 굴린다

입으로 후후 껍질 날리고
연둣빛 고운 알맹이
입 안 넣어 냠냠냠

입가 거무스레 수염 나왔네
자기처럼 하늘 보라고
검댕수염 남기었네,

청보리 Ⅱ

언젠가
사임당 그림 본 적 있다
무엇을 그리셨던가?
풀 꽃 가지 수박 나비 들쥐……

사임당은 아니지만
사임당 선생님처럼
그림 아닌 글로
청보리 그려 본다

기다랗고 가는 허리
긴 수염 하늘 향하고
수염 사이 청보리알
옥구슬처럼 알알이 박혔네

햇볕 아래 바람 불고
들판에 청보리
물결되어 춤을 추네.

여름날 밥상

닭 울고 먼동 트면
집마다 방아 찧는 소리 들린다
절구통에 보리쌀 찧어
가마솥에 앉히고

보리밥 뜸 들쯤
텃밭서 따 온
호박잎 풋고추 가지 웃올리고
밥상 준비한다

그릇마다
먹음직스럽게 담긴 반찬들……
식구들
밥상에 모여
보리밥 쌈 먹는다

입 크게 벌리고
눈 튀어나오고
볼 울룩불룩
아래턱 오르락내리락
그 모습 보고 있는데

우습다
모두 짱뚱어 눈 같다.

여름날의 추억

뙤약볕 쨍쨍
당산나무 그늘
동네 아이들 모여 논다

땀 송송
냇가로 가자
미역 감으로 가자
홀라당 옷벗고 물속으로 풍덩

하늘 보고
물속 보고
개구리 헤엄친다

시원하다
입술 파래지던
어린 시절 여름날이 그립다.

얼음과자

읍내 장날
엄마 치맛자락 잡고서
따라간다 떼를 썼다

걸음마 아이
데려갈 수 없어
달래 주던 엄마
아이스께끼 꼭 사 와야 해 하며
울음 그쳤다

내리쬐는 햇볕 아래
저만치 엄마 보이고 달려갔다

뙤약볕이 얼음과자 먹었나
얼음과자 모양 없고
단물 밴 막대기만
엄마 젖 빨듯 쪽쪽 빨아 먹었다.

제 3 부

꽃 선물

이제 와 생각해 보니
속정 깊은 우리 임
살아계실 적
꽃밭 애지중지 가꾸셨지
꽃밭엔
꽃들이 모둠으로 피어 있었지.

눈인사

대문 활짝 열어
우리 임 반기네

마당가
맨드라미 채송화 봉선화
임과 눈인사 주고 받고
한참이라네

임이시여
이 꽃도 보셔요

우리 임 고개 돌려
손 내밀어
내 머리 만져 주네.

대머리

이마는 번들번들
대머리
정수리까지 벗겨졌네

정수리에 눈 코 입 그려 볼까?
두 얼굴이 그려지네

몸은 하나
얼굴이 둘
생각이 잘 돌아가네

뇌가 둘이었나?
쌍박사님으로 부른다

우리 임
그 별명 모르실 거야

쌍박사 우리 임
나만 아는 쌍박사.

꽃 선물

결혼한 첫해
내 생일날
우리 임
내 가슴에 꽃 안겨 주었네

꽃값 아까워
꽃 말고 양말이나 한 켤레 사 오지
그랬지

꽃송이 어디에 꼭꼭 숨었나
생일되면 기다려지는 꽃
영영 못 오나 했었지

이제 와 생각해 보니
속정 깊은 우리 임
살아계실 적

꽃밭 애지중지 가꾸셨지
꽃밭엔
꽃들이 모둠으로 피어 있었지.

모기장

모깃소리 윙윙
모기는 날 따라오고
모기장에 딱 붙어 있다

배 통통한 모기
잽싸게 손바닥으로 잡아
손끝으로 비벼 돌린다
빨간 피 터지네
내 피 빨아 먹었나 보다

듣고 있던 남편
모기장 들락날락하더니
혀를 찬다

당신 번 돈으로
먹고 생긴 피인데
아깝다 그지

이 말에
남편은 부드러운 목소리로
어서 피 닦아야지.

우박

하늘에서
우박이 떨어지면

농부는
발 동동 구르고

긴 한숨에
근심 걱정에
얼굴 주름살 늘어나네

하늘에서
우박이 아니라
대박이
왈칵 쏟아졌으면 좋겠네

모두가
대박 났으면 좋겠네.

진주알

하늘도 푸르고
바다도 푸르고
구름도 흘러가네
물결도 흘러가네

바람 일고
폭풍우 치는
바다 속에서

진주는
물속에 잠겨
아무도 모르네

조갯살 속에서
진주는
꼭꼭 숨었네

바닷물 마시련가
태양 빛 마시련가
진주알
영롱하게 빛나네.

봄

비단실 고운 햇살
옥색치마 속곳 자락까지 파고드네

봄바람 살랑살랑
사랑가지엔 꽃봉오리
솜털 같은 속눈만 뜨고 있네

벌나비 날갯짓에 교태로 설레어
미소 머금은 가지마다
새들이 노래하니
꽃잎도 따라서
오묘한 봄색으로 활짝 피었네

날리는 꽃잎마다
내게 다가와
살포시 입맞춤하고 가려는가.

친구

낮엔 해님
밤엔 달님
늘 좋은 친구

저 별은
친구들의 눈동자
아름답고 빛나더라

빛나더라.

동문 열려 날이 샜느냐

앞 못 보시던 시어머님
이른 아침이면
동문 열려 날이 샜냐?
그러셨다

어둔 방 커튼 틈 사이로
밝은 빛 새어 들듯
캄캄한 하늘 동문 열려
날이 밝았느냐
그런 뜻 담겨 있었다

우주가 있고
시가 있고
그림이 있고
멋과 낭만이 있었다

꿈속에서 만난 시어머니
눈이 밝으셨다.

해거름

더운 여름날
홀로 사시는 친정 어머니
텃밭에서 기르던 푸성귀
다듬어 싸매어 이고
딸 집에 오셨다

해가 중천에 오믄 더운께
덜 더워 올라고
새벽같이 일어나
요것들 뽑아가꼬
아침 일쯔기 왔다

점심으로 우동 한 그릇 드시고
이런저런 이야기 하신다

한참 지나 일어나시는네
해그름판 됐응께 우리 집 갈란다

서산에 지는 해 벗 삼아
해거름에 가셨다

지금 하늘나라 계신다.

가을 길

은행잎 단풍잎
곱게 물든 가을 길

길 위에도
낙엽
곱게 물들었네

걸음마다
싸각싸각
알록달록
점점점……

가을 물들었네.

늦가을 풍경

늦가을
감나무 가지 앙상하고
주홍빛 까치밥
땅으로 뚝 떨어진다

감나무 주인
고운 마음씨
땅으로 갔는가

서리 맞은 늙은 호박
저녁노을에
홍시처럼
선명하고 곱다.

목화솜

탐스럽고 새하얀 목화송이
솜틀에 타면
목화씨 툭툭 떨어지고
구름처럼 뭉글뭉글
눈처럼 소복소복
목화솜 쌓인다

솜털 쫙 펴
가는 막대기 넣고 비벼 돌리면
하얗고 긴 가래떡 같다

물레야 돌아라
실줄 끝없이 나오고
씨줄과 날줄
베틀에서 만난다

어머니 품처럼
포근하고 따뜻한 목화
우리를
입혀 주고
보듬어 준다.

마음의 스위치

어둡다 무겁다
가슴을 열어라
마음을 열어라

마음의 스위치로 켜 보는 거야
마음속에 특별한 스위치가 있어
행복의 스위치가 있어.

연꽃

진흙탕 속에서
찬란한 풍경이 솟아나네

비취색 치마는
연못을 덮었고

연꽃 저고리
곱게 피었나니

빛과 그림자처럼
열렬히 사랑하네

그대도 내 맘 같을까?

죽도봉(竹島峯)

캄캄한 밤
죽도봉 강남정
현란한 불빛
마음을 혹하게 하는구나

죽도봉 맑은 숲길
걷고 싶어라
시원한 약수
대나무 잎사귀 띄워

차 음미하듯
천천히 마시고 싶어라

* 죽도봉 : 대나무밭 봉우리로 전남 순천시에 있는
공원 이름.

담쟁이

담쟁이 푸른 잎사귀
담벽을 덮었네

뿌리 하나에
손과 발
수만 개라네

그물코처럼
얽히고설켜서
담벽을 도화지 삼아
풍경화 되었네.

제 4 부

할미꽃

립스틱 바르고
온몸에
코티 분 바르고

새색시처럼
수줍어
고개 숙이네.

공부가 늦틔었다

강산이
몇십 번 변했던가
흙 속 잠든 씨앗
움틀움틀 늦틘다

내 마음밭
새싹 돋아나고
꿈틀거리며 늦틘다

늘그막에 시작한 공부
자연과 말하듯
글을 쓰는구나
시를 쓰는구나
늦게 틔는 공부
참 재미있다.

달 아래

달빛 아래
허전한 둑길
따박따박
홀로 걸었네

내 발길 따라
그림자 따라오고
하늘에 저 달은
두둥실 떠가고
내 눈길도 따라가네

달과 그림자 함께하니
외롭지 않네.

할미꽃

봄바람 살랑살랑
꽃들도 살랑살랑
마음 설레이고

할미꽃도 꽃이라
오묘한 빛
립스틱 바르고
온몸에
코티 분 바르고

새색시처럼
수줍어
고개 숙이네.

그 여름날 고추

태양의 열기로
푹푹 찌는 여름
친정집 갔었지

홀로 계신 어머니께서
알뜰하게 일궈 놓으신
마당가 고추밭
뜨거운 뙤약볕 아래
고추 주렁주렁 열려 있고
고추나무 잎사귀
축 늘어져 있었네

양동이 물 가득 채워
메마른 흙에 붓고 뿌려 주니
금세 생기 도는 듯했지

뉘엿뉘엿 해 질 녘
캄캄해진다 어서 가거라 재촉하시고
문밖까지 따라오시며 그러셨지

“여그 고추나무들이
양팔을 요렇게 벌리고
윤자야 가지 마라 그란다”

그 순간 마른 고추 매운 냄새 스치듯
코끝이 아리고 찡해졌었지.

스마일

가슴 내밀고
엉덩이 내밀고
걸어가는
암탉
나를 보듯
친근하네

둥그런
내 얼굴
입꼬리 귀에 걸고
닭 보고
스마일
웃네.

자정에

캄캄한 한밤
찰나 한 점
오늘이 어제 되고
내일이 오늘 된다

눈 감은
0시의 적막
소리 없이 깊어진다

자정의 어둠 걷고
기어드는 새벽 여명
몸 던져 살아왔던 삶의 의미
어렴풋이 쇠퇴한 서글픈 몸짓
숨찬 가슴 저려 온다.

황금옷 무거워서일까

항아리 속
물과 함께 움튼 볍씨

못자리에서
어린 시절
파랗게 자라더니
들판으로 시집가네

한여름 젊은 청춘
다 가고
늦가을
황금옷 입고서 고개 숙인 나
황금옷 무거워서일까?

가면 갈수록
땅 닿을 듯

고개 숙이네
가을 하늘
티없이 맑고 푸르네.

늙은 호박

밤새 서리 맞은 늙은 호박
더욱 노랗게 익었네
새색시처럼 곱게 분 바르고
머리는 꼭지 지어
넝쿨 비녀 꽂고서
늘어지게 땅에 누웠네

한겨울 별미인데
꽁꽁 얼면 어쩌나
방 한켠 차곡차곡 모셔 두었지
복스럽고 든든하고
보기만 해도 배부르네

마음 따뜻한 친정어머니
호박으로 떡과 죽 만들어 정을 나누셨지
어머니 본받을 네야

추운 겨울 지나고
따사로운 봄이 오면
텃밭에 호박씨 심어
늙은 호박 익어 가는 늦가을 기다릴 테야

사랑 가득 행복 가득
호박이 넝쿨째 굴러 들어오겠지.

수화는 어떻게 해요?

늦은 나이에 시작한 공부
대학생 되었고
수화동아리 들어가 수화를 배웠다

팀을 이뤄
수화 경연 대회 참가했는데
결과는 대상

온 가족 모이는 명절
수화이야기 나오고
어린 손자 묻는다

수화는 어떻게 해요?
경연 대회 했던 그대로
음악에 맞춰 보여 주었다

감정에 몰입해 연기하는 듯
표정과 몸짓 보고서
암투병 중인 남편
몹시 웃겼는지 배가 불룩불록
가족 모두 깔깔깔

손끝 하나로
가족 간 소통의 웃음 되었네
손자 손녀 수화 따라 하였다.

삶을 쓰다

즐거움도
서로에 대한 기억도
그리움도
힘겨움도
흐르는 눈물도
하룻밤 꿈이던가

세상 시름 걱정일랑
잠시 잊고
시 한 수 읊어 봐
시 한 수 노래 불러 봐
황혼 인생 지금부터야.

현충일

나라 사랑
가슴에 가득 안고
쓰러진 꽃들이여

꽃은 증발되어
자취도 없으련만
숭고한 정신
향기 되어
조국을 덮었네

그래서일까
6월의 꽃들은
빛나고 곱더이다.

제 5 부

목화꽃 당신

당신은 목화꽃으로 곱게 피었나니
어찌 그리 티 없는 얼굴일까
어찌 그리 따뜻한 얼굴일까
눈 덮인 로뎀동산
목화꽃으로 덮였네
솜이불로 덮였네

임에게

젊어서부터
밤늦도록 말하듯 글을 썼다
우리 임
이제 불 끄고 자야지
그러셨지

황혼의 나이
임 하늘나라 떠나고
얼마 후
시를 써 대상을 받았다

임 잠든 곳
무릎 꿇고 상패 올렸네
"여보 내 잘했지
시 많이 쓸께"
하얗게 웃고 있는 임의 얼굴
스쳐 지나가네.

짝을 잃었네

창가에 턱 고이고
눈 감아도 선명하게 떠오르는
당신의 모습
달처럼 환한 얼굴
창문 밖 밝아 옵니다

운동하자 걷던 그 길 보이고
손 시리다 꼭 잡아 주던
당신의 손
그 온기 느껴집니다

길 모퉁이 돌아서면
쉬었다 가자던 그 벤치
오가며 어루만져 봅니다

짝 남기고 떠난 당신
소식조차 막혔으니
이승에선 다시 볼 수 없단 말이요

하늘 나는 외기러기 신세
내 모습 애설퍼라.

임의 향기

정 주네
정을 주네
우리 임 정을 주네

먼동 트면
시곗바늘 보고
또 쳐다보고
학교 길 늦을세라
시계 보고
또 쳐다보고

구름이 해 가리면
우산 챙겨라
물병 챙겨라
참견의 말들
사랑의 표현이런가
사랑한다는 말에 어찌 비할소냐

속정 깊은 임이시여
나 배우고 오리다
쳐다보는 임의 눈길
봄날보다 더 따뜻하네.

대한 독립 만세

목 터지도록 외치는 소리
대한 독립 만세
산과 들 흔들리고
창문도 흔들리네

어둡던 창문
피로 물든 창문
선열들의 독립혁명
이 땅을 피로 물들이네

태극기 부여 잡고
태극기 부둥켜 안고
몸부림치던 백성들
산과 들 피로 물들이네

아~ 창문이 달라졌이요
독립으로 변화된 세상

평화로운 오늘
언제나 푸른 이 땅
선열들의 꽃으로 아름답게 피어
향기로운 세상

활짝 만개한 꽃향기로
미소와 감사로
아름다운 대한민국
지켜 주시고
남겨 주셔서
감사합니다.

—〈2019. 독립100주년 SNS백일장 공모전 대상〉

당선 소감

어르신들 말씀 속엔
무궁무진한 보물이 감춰져 있습니다
돌아가신 우리 어머니
친정에 들렀다 떠나는 나를 보고

"여그 고추나무들이
양팔 요렇게 벌리고
윤자야 가지 마라 그란다"

어머니 그 말씀
「그 여름날 고추」
시가 되어 살아났습니다
예전엔 왜 몰랐을까요

버드나무-류(유)
움직일-활
잎사귀-엽

버드나무 잎사귀 움직이네
어머니 존함 세 글자
자연이 담겨 있고 시가 펼쳐져 있었습니다

오늘 수상의 영광을 하늘에 계신
어머님께 바칩니다.
끝으로 제 작품을 선정해 주신 회장님과
심사 위원님들께 깊은 감사를 드립니다.

2019년 9월 7일

꿈속에서 임을 만났네

꿈속에 찾아온 임이시여
반가워 허리 감싸 안았네
다독이는 임의 손길
새털구름 만큼 포근하네
새벽닭 울음소리에
떠나려는가

꼬꼬닭아 울지 마라
잠든 나 깨우지 마라
임의 모습
구름 속으로 하얗게 멀어져 간다

언제 오신다 말이나 해 주지
창문 열고
하늘 바라본다
하얗게 웃고 있는 임의 얼굴.

매화꽃

잔잔한 계곡
물 위
매화나무 비추이고
바람결 따라
매화꽃
꽃비 내리듯 떨어지네

산 그림자
꽃잎 겹쳐
물 따라 흘러가고
매화꽃 따라
내 마음도 흘러가네.

오늘도 화장을 하네

새하얀 면사포 쓰고
가녀린 허리에
풍성한 드레스 입고
하얀 목선
고운 얼굴
무지갯빛 화장을 했었네

말수 적지만
믿음직한 신랑 손잡고
평생 함께하리라 약속했었지
웃고 울던 그날
오늘이라네

검은 머리
새하얀 서리 앉았고
얼굴엔 주름살 지고

허리는 굵어졌네
하지만 마음만은 아니라네

하늘나라 있는 남편에게
어여쁜 신부 그 모습으로 보이고 싶네
오늘도 거울을 보며 화장을 하네
그리고 슬며시 미소 짓네.

목화꽃 당신

임 잠든 로뎀동산
임 이름 부르지만
허전한 잔디 풀만 손짓하네

잠든 임이시여
정겨운 그 얼굴
옛스런 그 모습
언제 다시 만나볼까

어리광부리듯
비문 흔들어 대니
영혼 문 열어 주네

아~
당신은 목화꽃으로 곱게 피웠나니
어찌 그리 티 없는 얼굴일까
어찌 그리 따뜻한 얼굴일까

눈 덮인 로뎀동산
목화꽃으로 덮였네
솜이불로 덮였네

다독이는 임의 손길
내 마음까지 따뜻하네
내 온몸과 마음 포근히 감싸주네.

–〈경기 예술 찾기 공모 선정〉

윤자(尹慈) 시집
꽃씨 뿌리듯 시를 짓네

초판 인쇄 2019년 11월 10일
초판 발행 2019년 11월 15일

지은이 | 윤 자
펴낸이 | 김효열
편 집 | 이미정
마케팅 | 김효숙 · 김영미 · 박미옥

펴낸곳 | **을지출판공사**

등록번호 | 1985년 2월 14일 제2-741호
주 소 | 서울시 마포구 양화진길 41, 603호
우편번호 | 04083
대표전화 | 02) 334-4050
팩시밀리 | 02) 334-4010
전자우편 | ejp4050@hanmail.net

값 12,000원

ISBN 978-89-7566-182-2 03810